LISA NEUN

BUSINESS GIRL

VERLAG SCHWARZER TURM

DER ERSTE TAG...

PRODUKTIVITÄTS-ZUWACHS - 13%! MINDESTENS! IN 14 MONATEN HAT SICH DER INVEST AMORTISIERT!
UND DAS HUHN IST VIELLEICHT NICHT SEXY, SIEHT ABER SÜSS AUS. IHRE SEKRETÄRIN WIRD ES LIEBEN. HÖHÖ.
DA MUSS ICH EINGREIFEN.
AAH! DER HERR DR. MÜLLER-SÄGEBRECHT! WIE SCHÖN, DASS SIE UNS BESUCHEN!
AH, DER HERR SCHNEUSEL! DER SHOOTINGSTAR DER EGGPLANT INCORPORATION! STEILE KARRIERE, HÖHÖ...
IWO, NICHT DER REDE WERT.
UND SIE, SUSI, WAS MACHEN SIE HIER? ICH DACHTE, SIE ARBEITEN IM KELLER? STATTDESSEN BELÄSTIGEN SIE UNSERE KUNDEN MIT IHREN WIRREN IDEEN!

SIE GEBEN MIR JETZT IHRE SCHMIERZETTEL UND DANN AB ZU IHREM ARBEITSPLATZ!
UND DIESEN SCHROTT NEHMEN SIE AUCH GLEICH MIT!
AAAAH
PENG
WIR HABEN EIN NEUES PROJEKT. WIR SOLLEN EIN ROBOTERHUHN ENTWICKELN.
DIE IDEE IST VOM SCHNEUSEL. UND SIE BEKOMMEN EINE WICHTIGE AUFGABE...
BITTE WER?

SIE DÜRFEN DEN NEUEN NEURONALEN ZÄHLER PROGRAMMIEREN.
BITTE WAS...?
ICH WERD WOHL NIE EINEN ROBOTER BAUEN...
PENG
STREICHEL
?
DU FUNKTIONIERST JA DOCH!!!?
WARUM HAST DU NIE WAS GESAGT ???
STIMMT! DU KANNST NICHT SPRECHEN!!

ICH GLAUBE, DU BRAUCHST EIN SPRACHMODUL!
DU MEINST, DIE BESTEN GIBT'S IN JAPAN?
WIR GEHEN NACH JAPAN! ABER ZUERST BEKOMMEN DIE IHREN DOTTERZÄHLER! MIT TURBOANTRIEB!
SAUG
DRÜCK

EP
1. Robothuhn
Pressekonferenz
DU WEISST, WAS DU TUN MUSST?
GOCK!

EP - Pressekonferenz

WIR FREUEN UNS, IHNEN ODE-V 100-M/1.0 VORSTELLEN ZU DÜRFEN, DAS 1. ROBOTHUHN DER WELT! ODE-V100-M STEHT FÜR OPTIMIERTES DOTTER-EIWEISSVERHÄLTNIS MIT EINER KAPAZITÄT VON 100 EIERN PRO MINUTE! V1.0 - VOLL VEGAN....

KLATSCH KLATSCH KLATSCH

APPLAUS AUCH DEM IDEENGEBER J.P. SCHNEUSEL, LEITER VON I&V, INNOVATION & VENTURE CAPITAL!

APPLAUS

ACH, DER APPLAUS GEBÜHRT AUCH MEINEN AUSFÜHRENDEN MITARBEITERN.

PAPPERLAPAPP! KEINE FALSCHE BESCHEIDENHEIT.

APPLAUS

DANN LASS UNS DAS HUHN MAL STARTEN!

KLICK

PLING

GLEICH KOMMT DAS ERSTE EI!
RTTL RTTL RTTL
FLOSCH
PENG
PENG PENG
GOCK GOCK GOCK
PENG
PENG
FLOSCH

GOCK
GOCK
GOCK
SCHNEUSEL, SIE SIND GE-FEUERT!!!
HILFE!
AAAH
WTF

UND WIR GEHEN JETZT NACH JAPAN! IN DIE HEIMAT DER ROBOTER!

GOCK?
PIIP?

ICH WILL MIT!
PIP!
KLIRR
ICH AUCH!
Beam Me
ICH AUCH!
Cool
Prosecco
YEAH
COPY STAR

HACH. WIE DIE SIEBEN SAMUREI.

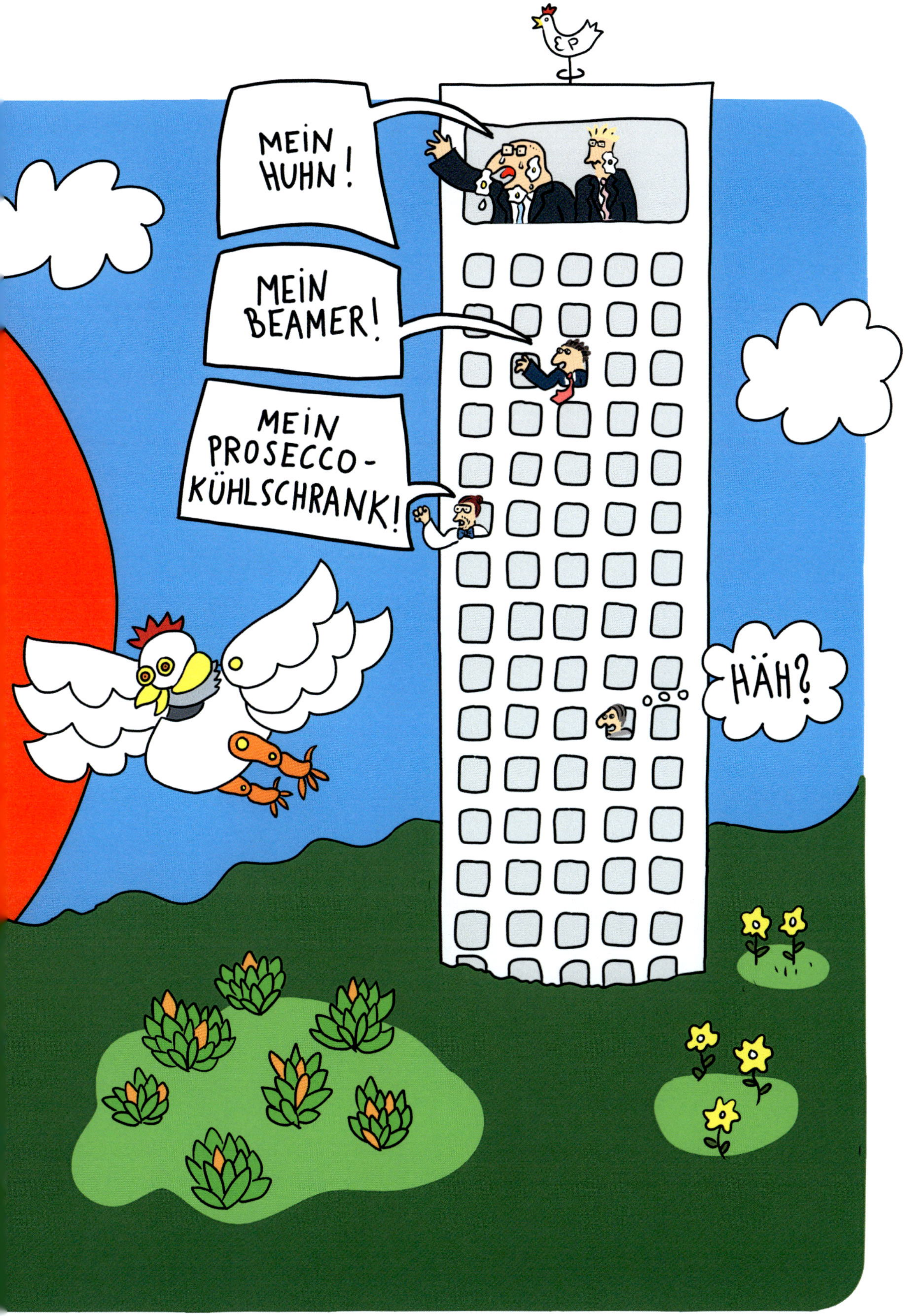
MEIN HUHN!
MEIN BEAMER!
MEIN PROSECCO-KÜHLSCHRANK!
HÄH?

Epilog

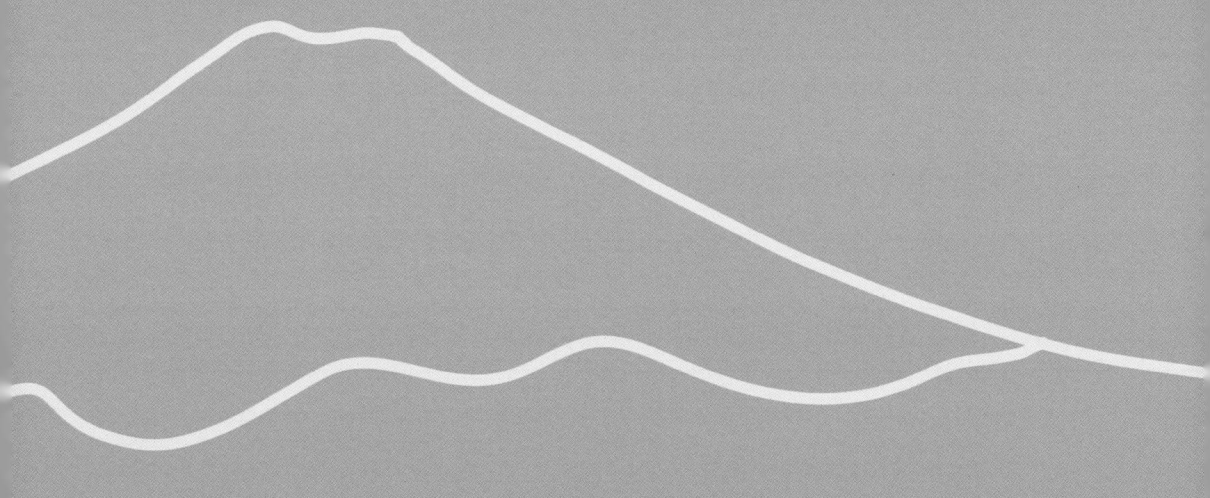

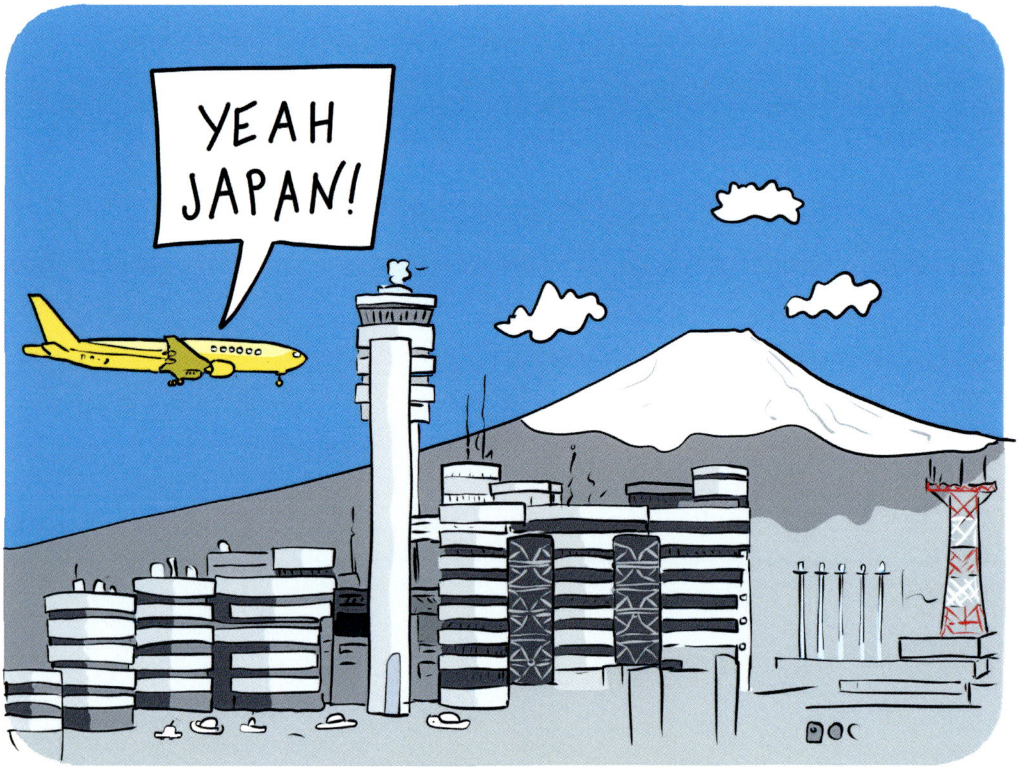
YEAH JAPAN!
DOC

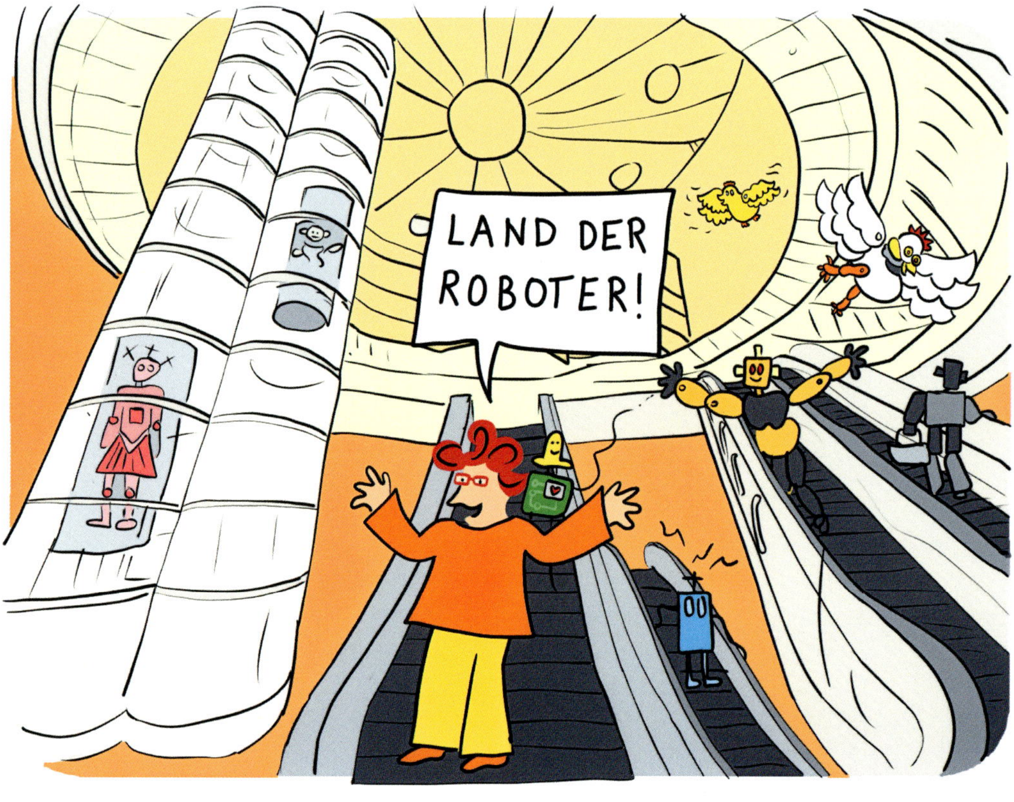
LAND DER ROBOTER!

TAXI
タクシー
Taxi
FORTSCHRITT PUR! DA SIND WIR RICHTIG!
TAXI?

ROBOCORP! DA MÜSSEN WIR HIN!!!
ROBO CORP

ROBO CORP
The hungry Bot
1 kWh 30¥, 10 kWh 299¥
ATOM-TOPPING +10¥
GREEN POWER +5¥/kWh
Cool
Prosecco
Beam Me
ALSO DER JAPANISCHE STROM SCHMECKT GLEICH VIEL LEICHTER ALS DER BEI UNS.
DANN LASS UNS UNSER GLÜCK VERSUCHEN.
GOCK

WILLKOMMEN BEI ROBO-CORP! WIR SIND JAPANS FÜHRENDER TECHNOLOGIEKONZERN! WIR HABEN NICHT NUR 95% DER WELTWEITEN ROBOTER GEBAUT, NEIN, WIR FÜHREN AUCH ALLE HUMANOIDEN UPGRADES DURCH. MEIN NAME IST ROB YUTA 1.3 WIE KANN ICH HELFEN?
MEIN NAME IST SUSANNE KALWIN! UND DAS SIND MEINE BEIDEN ROBOTER, ASIX 1.0 UND...ÖH... GOCK.
GOCK
ASIX IST ZWAR VOLL FUNKTIONSFÄHIG, NUR BENÖTIGT ER EIN SPRACHMODUL. HABEN SIE DA WAS?
SPRACHMODULE? SO WAS BAUEN WIR SEIT JAHREN NICHT MEHR. ABER ICH SEH MIR DAS DING MAL AN.

MAL SEHEN. DAS DING IST ZWAR ETWAS ALTMODISCH, HAT ABER SCHON DIE ERSTE VERSION DES EMOTIONCHIPS.

NEURONALHAPTISCHE DIREKTLADUNG SOLLTE DAHER FUNKTIONIEREN.

BRIZZL

FERTIG! WAS BRAUCHEN SIE NOCH?

MEIN LEBEN FÜHRTE ICH IN DUNKELHEIT ♪ MISSACHTUNG WAR MEIN TÄGLICH BROT – TÜDELÜ – TÜDELEI ♪♪ #♪ JETZT BIN ICH SICHTBAR UND DIE SONNE SCHEINT, DIE SONNE SCHEINT – TÜDILA – TÜDILO – ♪♪ ERSEHNET HABE ICH DIE MACHT DES WORTES – TARALA TARULO – ICH WILL REDEN – REDEN, REDEN – BIS DIE SONNE NICHT MEHR SCHEINT, NICHT MEHR SCHEINT. UND MORGEN, WENN DER TAG ANBRICHT...

DA MUSS JETZT WOHL EINIGES RAUS...

ZUM DICHTER WILL ICH WERDEN, EIN DICHTER WILL ICH SEIN!
JETZT REICHT'S!
EIGENTLICH WOLLTE ICH MEIN ROBOT-HUHN PRÄSENTIEREN. PRODUZIERT HOCH-WERTIGE EIER! ICH BIETE IHNEN DAS EXKLUSIVE RECHT ZUR VERMARKTUNG.
ICH BIN JA SCHON RUHIG. BIN'S JA GEWOHNT.
ALSO, DAS SIEHT JA GANZ INTERESSANT AUS ... HMM ... ABER, GANZ EHRLICH, SEHEN WIR AUS, ALS OB WIR NOCH EIER ESSEN?
OH NEIN!
NICHT SCHON WIEDER!

EHRE DEN VIELEN
ERFINDERINNEN,
DIE IN DIE IRRE
GELAUFEN SIND

WIR HABEN DOCH ALLES! WIR HABEN EIER. WIR HABEN FISCH. WIR HABEN STROM. ES GEHT UNS GUT!
STROM? STROM!
ICH HABE EINE NEUE IDEE! WIR BAUEN ZITTERAALROBOTER! ZUR DEZENTRALEN ENERGIEERZEUGUNG...
NOGOK NOGOK
AUF KEINEN FALL!
NEIN!
NA GUT, LASS UNS FISCHEN!
PIP
ICH HAB PROSECCO!
Cool
Prosecco
MIP
Beam Me

GLOSSAR

In meiner Geschichte habe ich diverse Begriffe aus der Technik- und Businesswelt verwendet, die ich hier, zumindest auszugsweise, in Form eines Glossars erkläre.

Nicht zu erklären ist das Gespräch zwischen Personalleiter und Schneusel bei deren erster Begegnung. „Focus 5 Code 3, Project OHIO, Phase II, VIB 47-28." Heißt so viel wie: „Wir haben voll wichtige Projekte, und je mehr Abkürzungen wir kennen und verwenden, desto integrierter sind wir in die Firma."
Strategisch wichtige Projekte innerhalb einer Firma werden häufig mit geheimen Namen belegt, damit nichts in die Öffentlichkeit und vor allem zum Wettbewerb sickert.
Würde sich die Eggplant Inc. zum Beispiel mit dem Gedanken befassen, die amerikanische Firma „Milk Bottling Columbus" zu kaufen, würde dieses Projekt einen geheimen Namen bekommen. Mit hoher Wahrscheinlichkeit würde man „Ohio" wählen, weil Columbus in Ohio liegt.
Hier sind sich große Firmen und Geheimdienste wie die Stasi übrigens sehr ähnlich. Die Decknamen sind häufig naheliegend und nicht besonders kreativ. Warum sonst würde man den ehemaligen Musiker und späteren DDR-Ministerpräsidenten Lothar de Maizière ausgerechnet nach Czerny, dem österreichischen Komponisten, benennen?

Asics – Asix
Ein Asic ist ein Application-Specific Integrated Circuit bzw. eine anwendungsspezifische integrierte Schaltung. Ein individuell codierter Chip sozusagen. Tja, und der kleine Kerl besteht genau aus einer solchen, deshalb hat er den Namen Asix 1.0 bekommen.

Assistentin – Assistent des CEOs
Wenn es sich bei der Assistentin um eine Frau handelt, dann wird sie meistens Schreibarbeiten und Reiseabrechnungen machen müssen. Assistenten hingegen sind die Vordenker und Einflüsterer, häufig aber auch Kofferträger des obersten Chefs.

Business Development – Unternehmensentwicklung
Klingt äußerst spannend, weil man ja strategische Ideen entwickeln darf. In der Realität geht es primär ums „Tortenrollen" – der Begriff für das Erstellen und Anpassen von Tortendiagrammen.

CEO – Chief Executive Officer
Früher war das der Generaldirektor oder der Boss. Seit der eBusiness-Revolution Anfang unseres Jahrtausends heißen die Leute in der Führungsetage alle irgendwas mit „C". Teil des C-Levels zu sein ist Traum jedes Karrieristen.

Cloud im Allgemeinen
Jede Person im modernen Management muss diesen Begriff mindestens in einer Präsentation bringen, sonst ist sie nicht am Puls der Zeit. Eigentlich ist es der Sammelbegriff für all die Dinge, die man auf entfernte Computersysteme auslagert, anstatt sie lokal auf seinen eigenen Speichermedien zu halten. Eigentlich nichts Neues, früher gab es dafür Rechenzentren. In Zeiten des Internets aber ungleich „sexyer". Umgangssprachlich: „Das Zeug liegt halt im Internet rum".

Cloud Analytics
Der Traum vieler Menschen, alles, was so passiert und in der Cloud rumliegt, mit Künstlicher Intelligenz zu analysieren, Handlungsempfehlungen abzuleiten und dadurch die Weltherrschaft zu erlangen.

Compiler
Der Compiler übersetzt Programmcode (den ungefähr 5% der Menschen verstehen können) in Maschinencode (den dann nur der Computer verstehen kann).

Contribution – contributen
Contribution ist der Beitrag einer Person an irgendwelchen erfolgreichen Dingen. Und contributen ist dann der neudeutsche Begriff für „ich trage gerne bei".

Corporate Strategy – Unternehmensstrategie
Man sollte meinen, in der Strategieabteilung werden die Strategien des Unternehmens entwickelt. Ist nicht so. Meist müssen die Strategen die Hypothese eines CEOs (Generaldirektors) verifizieren. Dazu werden möglichst passende Zahlen, Daten und Fakten ermittelt, in eine gute Story zusammengefasst und dann danach gehandelt. Kann sehr gut gehen, muss aber nicht.

Eggplant Inc. – Eggplant Incorporated
Eiermaschinen GmbH

HR – Human Resources – Menschliche Rohstoffe
Eigentlich die gute, alte Personalabteilung. Nachdem man in Unternehmen aber verschiedene Mittel und Rohstoffe verwendet, um neue Dinge, die man wieder weiterverkaufen kann, zu erschaffen, ist man draufgekommen, dass die Menschen eigentlich auch nichts anderes als Rohstoffe sind.

M&A – Mergers & Acquisition – Fusionen und Übernahmen
Firmen werden gekauft, vermanscht und häufig danach in Teilen wieder verkauft. Ziemlich spannend, ziemlich geheim, ziemlich bedeutend. Deshalb war es dem Schneusel auch so wichtig, da zu „contributen".

PMI – Post Merger Integration – die große Arbeit nach der Fusion, die Integration
Das ist dann nicht mehr so interessant, weil da muss man zwei Firmen zusammenbringen, und das ist richtig viel operative Arbeit. Unterschiedliche Computersysteme, Abläufe und vor allem Kulturen.
Eine der schönsten Geschichten einer Post Merger Integration ist meines Erachtens Raumschiff Voyager, wo es um die Fusion der Sternenflotte und dem Maquis geht.

Neuronalhaptisch – Griff ins Gehirn
Den Begriff gibt es nicht, den hat das Business Girl erfunden. Der große Roboter greift dem kleinen Roboter ins Gehirn und lädt ihm die Emotionen direkt hinein.

Venture Capital – Risiko Kapital
Dabei handelt es sich um Gelder, die man jungen Start-ups zur Verfügung stellt. Man rechnet damit, dass nur ein kleiner Teil der jungen Unternehmen auch wirklich erfolgreich ist. Wenn sie erfolgreich sind, dann aber richtig. Hättest du seinerzeit in Apple investiert, hey – Supererfolg. Aber „who the fuck" war denn eigentlich Wang? Oder wer nutzt eigentlich noch Yahoo? Wie auch immer, von erfolgreichen Venture Capitalists heißt es, sie drehen sich nicht mal um,

wenn sie den Raum (die Investition) verlassen, denn mit dem Rücken voraus geht es schneller. Für Menschen, die in langweiligen Industriejobs arbeiten, noch dazu mit Zahlen und Bilanzen, verspricht die „Venture Capital Abteilung" die letzte verbleibende Bastion des Abenteuers.

Portfolioanalyse – Analyse einer Sammlung von Objekten eines bestimmten Typs
Solche Objekte können zum Beispiel das gesamte Angebot eines Unternehmens sein. Mit Hilfe einer solchen Analyse versucht man Strategien zu entwickeln, was man mit diesen Objekten tun soll.
Häufig wird diese Analyse anhand einer 4-Felder-Matrix durchgeführt, die hilft, komplexe Sachverhalte vereinfacht darzustellen. Ich liebe diese Darstellungsmethode und verwende sie häufig, um wilde Theorien zu untermauern.

Zum Beispiel die Tumbleweed-Theorie.
Führende Personalpsychologen versuchen uns stets zu vermitteln, dass man sein Leben und seine Karriere planen kann, ja, planen muss. Daher auch die typische Frage an junge, ehrgeizige Industriesklaven: „Wo wollen sie in fünf Jahren, in zehn Jahren, in 20 Jahren sein?", kombiniert mit entsprechenden Jobstationsempfehlungen (erst Entwicklung, dann Vertrieb, dann ein wenig Stabsstellenerfahrung und dann reif fürs Management – oder so). Häufig resultiert das in einer Angst, das Falsche zu machen, die falschen Weiterbildungsmaßnahmen zu buchen, in die falsche Richtung zu gehen.
Die große Frage, kann man auch ohne Planung erfolgreich sein? Da fielen mir diese Tumbleweeds ein. Tumbleweeds – Steppenläufer – sind Wüstenpflanzen, die sich treiben lassen. Und sie sind keineswegs erfolglos, im Gegenteil. Sie verbreiten ihre Samen und kommen ziemlich viel rum. Planen tun sie nicht.
Um in diesem komplexen Gefüge von Zielen und Plänen etwas Ordnung zu bekommen, nehme man eine Matrix mit den Dimensionen „Erfolg" und „Planung" und erhält das einzigartige Portfolio des beruflichen Erfolges.

Mega Stars
Das sind die Menschen, die ihre Karriere und ihr Leben generalstabsmäßig geplant haben. Die schon als Kind gewusst haben, dass sie mal die Nummer Eins im Tennis, berühmter Popstar, ultrareicher Firmenchef oder aber Vice President bei der Eggplant-Inc. sein werden.

Tumbleweeds
Auf den Erfolg angesprochen, sagt der typische Tumbleweed, es ist ihm alles zugeflogen. Er war zur richtigen Zeit am richtigen Ort, und eigentlich will er ohnehin nichts anderes machen als das, was er macht.

Absacker
Ein bisschen zu viel treiben lassen ist manchmal auch nicht gesund.

Zwangsperfektionist
Planung im Hamsterrad. Häufig landen dort Menschen mit Tumbleweedpotential, die denken, sie müssen unbedingt planen.

Fazit?
Hey, das ist eine völlig unbewiesene total willkürliche wilde Theorie!

DAS EINZIGARTIGE PORTFOLIO DES BERUFLICHEN ERFOLGES BASIEREND AUF DER TUMBLEWEED-THEORIE

DANKE

Mike, ohne dessen permanente Ermutigung ich bestimmt nicht so viele Comics gezeichnet hätte. Birgit Weyhe und Thomas von Kummant sowie dem Team und den Teilnehmenden des Comiczeichnerseminars in Erlangen für Inspiration, Kritik und vor allem fürs herzliche Lachen beim Probelesen. Ruth Galster, Stephan Remo und Markus Berger für Korrekturlesen und konstruktive Kritik.

Danke auch all meinen Freunden und Gästen meines Blogs und meiner Social-Media-Seiten für die langjährige Treue und die vielen Likes.

Das Buch widme ich meiner Mutter, die es leider nicht mehr lesen kann und die ich jeden Tag vermisse.

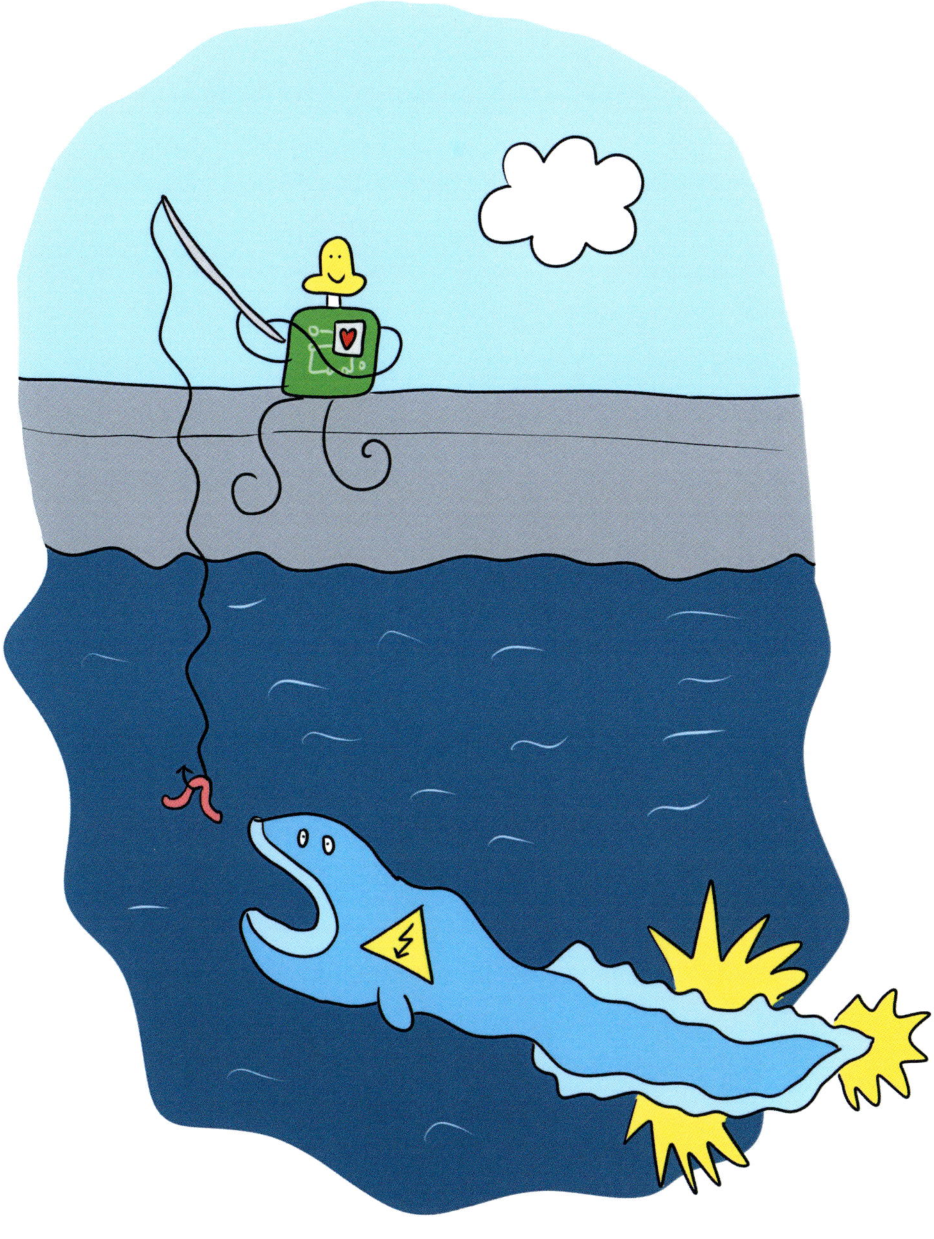

BUSINESS GIRL
1. Auflage Januar 2023
© Lisa Neun und Schwarzer Turm, Weimar
www.lisaneun.com
www.schwarzerturm.de
ISBN 978-3-910648-00-5

Druck und buchbinderische Verarbeitung:
Druckerei druk-24h, Polen
Alle Rechte vorbehalten.